우리말 금강경 사경집

우리말금강경사경집은
석가모니부처님이 설한
금강반야바리밀경을
구마라집이 한문으로 번역하였고
정명 김성규가 산스크리트 원문과
한문 번역을 함께 참고하여 독송집을 만들었고,
이 독송집을 사경용으로 제작하였다.

사단법인 통섭불교원

차례

경전을 펴는 의식

1. 소중한 인연

2. 마음의 문을 열고

3. 연기

4. 댓가 없는 행위

5. 깨달음

6. 깨달음의 시간성

7. 깨달음의 존재성

8. 물질적 베풂을 넘어서

9. 형상을 꿰뚫고

10. 청정한 마음

11. 자신으로부터 남에게까지

12. 부처님이 계시는 곳

13. 지혜의 끝

14. 연기의 사슬을 끊고

15. 복덕과 공덕

16. 산의 정상에서

17. 다시 세상으로 내려와

18. 하나의 생명체

19. 진실한 베풂

20. 텅 빈 곳에서 채워지는 형상

21. 마음을 꿰뚫고

22. 빈 손 빈 마음

23. 행위의 아름다움

24. 경전에 매이지 않고

25. 우리를 찾아

26. 이 세상이 바로 극락

27. 있는 그대로의 모습

28. 나도 없는데!

29. 오고 감이여!

30. 당신은 누구십니까?

31. 부처의 마음

32. 우리의 마음

1. 사경(寫經)의 공덕

실제로 사경을 하면 다음과 같은 공덕을 얻을 수 있다.

첫째, 부처님의 가르침을 바르게 이해하게 된다.

둘째, 번뇌와 갈등이 가라앉고 편안한 마음을 얻는다.

셋째, 오랜 병고가 사라지고 심신이 강건해진다.

넷째, 속세의 업장이 소멸되고 마음이 환희심으로 충만 된다.

다섯째, 원하는 바가 이루어지고 한량없는 불보살님의 가피를 지니게 된다.

여섯째, 인욕과 정진의 힘이 굳건해져서 어떤 어려운 일도 원만히 성취하게 된다.

2. 사경하는 방법

경을 옮겨 적는 일은, 경전의 글자 하나하나에 정성들여 마음을 쏟아야 하므로 그 마음을 집중하고 순일화 시켜야 한다. 따라서 사경 방법의 근본은 한 자 한 자에 결코 소홀함이 없이 정성과 신명을 다해 쓰는 것이다.

기록에는 사경을 함에 한 글자 쓰고 나서 한 번 절하는 일자일배(一字一拜), 한 글자 쓰고 세 번 절하는 일자삼례(一字三禮), 한 줄 쓰고 세 번 절하는 일행삼례(一行三禮)등의 문구가 보이는데 이렇듯 사경을 함에 있어 글자 한 자 쓸때마다 부처님이나 보살님께 합장하는 간절한 마음으로 임해야 한다.

사경은 다만 경을 쓰고 이해하는 것을 넘어 철저한 신행으로 행해지는 것이며, 자기의 원력과 신앙을 사경의 행위 속에서 키워가는 데 목적이 있다.

진실한 사경은 정진의 힘에서 나온다.

하나, 사경을 하는 곳은 어떤 장소이든 무방하지만, 정면에 불상을 놓던지 혹은 책상위에 향을 피우던지 하여 마음이 안정되고 정성이 담겨질 수 있도록 주위를 신성하고 깨끗한 환경으로 조성한다.

둘, 사경에 임할 때는 그 몸과 마음을 청정히 하여 시작한다.

셋, 필기구는 붓, 묵, 벼루 연습용 종이 등을 준비하되 가능한 한 좋은 것을 쓰고, 그것을 사경 전용으로 사용하는 것이 좋다.

넷, 사경을 할 때 쓰는 태도는 처음과 끝이 한결 같아야 한다.

다섯, 7일, 21일, 49일, 또는 100일과 같이 기한을 정해 쓰는 경우, 이 기간 만큼은 하루도 빠짐없이 쓴다.

여섯, 다 쓴 사경은 잘 보관해 둔다. 보관하기가 힘들 때는 일정량을 모아 경건히 불에 태운다. 잘 된 사경은 불상이나 불탑 조성시에 봉안하기도 하고 이웃에 선물 하여도 좋다.

3. 사경의식 절차

삼귀의 _ 불법승 삼보에 귀의한다.

개경게 _ 경전을 여는 게송을 봉독한다.

사경발원문 _ 사경자의 이름을 넣어 발원문을 작성하여 읽는다.

참회문 _ 참회문을 봉독하고 참회문을 21회 정도 독송한다.

입정 _ 사경을 시작하기 전, 몸과 마음을 안정시킨다.

사경 _ 사경을 시작한다.

사경 중에는 불경 테잎 등을 틀어 주어도 좋다.

사경문봉독 _ 사경한 경전을 받들고 소리 내어 독송한다.

사경회향문 _ 사경의 공덕으로 자신과 일체중생이 성불하여 불국토 이루기를 발원한다.

사홍서원 _ 네 가지 넓고 큰 서원을 하면서 사경의식을 마친다.

사경 발원문

모든 중생들이 부처가 될 수 있다고 일깨워주신 부처님의 자비광명에 진심으로 감사드립니다. 미혹하고 어리석은 저희들이 부처님의 삶을 닮고자 매일매일 일어나는 생각들의 흐름들을 되돌아보며 편안하고 행복한 하루가 되도록 애쓰고 노력하고 있습니다.

이제 주위를 깨끗이 하고 몸과 마음을 깨끗이 하고 사경을 하옵니다. 이 사경하는 인연 공덕으로 숙세의 업장이 소멸되고 마음이 환희심으로 충만 되기를 발원하오며, 원하는 모든 일들이 원만하게 이루어지고 한량없는 불보살님의 가피가 있기를 발원합니다. 모든 이웃이 더불어 행복하기를 기원하며 이 공덕이 두루 나누어지기를 진심으로 발원하옵니다.

기도불자   합장

[입으로 지은 업을 깨끗하게 하는 진언]
수리수리 마하수리 수수리 사바하(세번)

[우주에 있는 신중들을 편안하게 하는 진언]
나무사만다 못다남 옴 도로도로 지미 사바하
(세번)

[경전을 펴옵니다]
가장높고 가장깊은 미묘하신 진리바다
영원토록 흐른대도 만나기가 어려워라
다행히도 지금에야 보고듣고 지니오니
부처님의 진실한뜻 알아지길 원합니다

[진리의 곳집을 여는 진언]
옴 아라남 아라다 (세번)

[금강반야바라밀경]

제 1분 소중한 인연(法會因由分)

(1-1) 이와같이 나는 들었다.
한 때에 부처님이 스라바스티의 기수급고독원
에서 비구 1,250명과 함께 계셨다.
(1-2) 마침 공양을 드실 때여서 부처님께서는 비
구들과 함께 옷을 입으시고 밥그릇을 들고 스라
바스티로 들어갔다. 음식을 얻어 드시고 기원정
사로 돌아와 의발을 거두고 발을 씻은 다음 자
리를 펴고 앉아 선정에 드셨다.

제 2분 마음의 문을 열고(善現起請分)

(2-1) 그때 수부티 장로가 대중 가운데 있다가
자리에서 일어나 오른쪽 어깨를 드러내고 오른
쪽 무릎을 땅에 대고 공경하는 마음으로 합장하
며 부처님께 여쭈었다.

(2-2) 거룩하고 행복하신 부처님이시여!

부처님께서는 부처가 되고자 수행하는 보살들을 잘 보살펴 주시며, 설한 법을 잘 이해하고 있는 보살에게 부처님 대신 법을 설할 것을 잘 부촉하십니다.

(2-3) 부처님이시여,

보살이 되려고 마음을 낸 자는 어떻게 생각하고 어떻게 수행하며 어떻게 마음을 지키는 것이 좋겠습니까?

(2-4) 착하고, 착하다. 수부티야,

너의 말과 같이 부처님은 모든 보살을 잘 보살피며, 또한 불법을 잘 부촉하느니라.

(2-5) 그리고 수부티야, 자세히 들어라.

보살이 되려고 마음을 낸 자는 어떻게 생각하고 수행하며 어떻게 마음을 지켜야 하는지 설명해 줄 것이다.

(2-6) 감사합니다. 부처님이시여,

여기 있는 모든 대중이 부처님의 말씀을 듣고자 원합니다.

제 3분 연기(大乘正宗分)

(3-1) 수부티야.

보살이 되려고 마음을 낸 자는 〈생명 있는 모든 것을 반드시 고뇌가 없는 영원한 평안에 들게 하리라〉 하는 큰 서원을 세워야 한다.

알로 생기는 생명, 태로 생기는 생명, 습기로 생기는 생명, 변화하여 생기는 생명, 형태가 있는 생명, 형태가 없는 생명, 생각이 있는 생명, 생각이 없는 생명, 생각이 있는 것도 아니고 없는 것도 아닌 생명 등 모든 생명을 〈고뇌가 없는 영원한 평안〉에 들게 해야 하는 것이다.

(3-2) 이와 같이 모든 생명을 〈고뇌가 없는 영원한 평안〉에 들게 했다하더라도, 실상은 〈영원한 평안〉으로 인도되어 들어온 생명은 하나도 없는 것이다.

(3-3) 왜냐하면, 수부티야.

보살은 존재하는 것이 실재한다는 생각을 일으키지 않기 때문이다.

(3-4) 그러므로, 수부티야.
〈내가 있다는 생각〉, 〈상대가 있다는 생각〉, 〈다른 생명들이 있다는 생각〉, 〈영원한 것이 있다는 생각〉을 갖고 있으면 그는 이미 보살이 아닌 것이다.

제 4분 댓가 없는 행위(妙行無住分)

(4-1) 그리고 또 수부티야,
보살은 마땅히 집착하는 마음을 일으키지 않고 보시를 행해야 한다.
이른바 형상에 집착하지 않고 보시를 행하는 것이며, 소리와 냄새와 맛과 감촉과 생각의 대상에 집착하지 않고 보시를 행해야 하는 것이다.
(4-2) 수부티야, 보살은 응당 이와 같이 내가 보시했다는 생각을 일으키지 않고 보시를 해야 하

*보살이 되려고 마음을 낸자 : (구말라집번역) 선남자선여인
*내가 있다는 생각(atman-samjna 자아) : (구말라집번역) 아상我相
*상대가 있다는 생각(java-samjna, 개체) : 인상人相
*다른 생명들이 있다는 생각 (pudgala-samjna, 개인) : 중생상衆生相
*영원한 것이 있다는 생각(sattva-samjna, 살아있는 것이 실존한다는 생각) : 수자상壽者相

는 것이다.

(4-3) 만약 보살이 이와 같이 보시했다는 생각을
일으키지 않고 보시를 행하면 그 복덕은 헤아릴
수 없이 큰 것이다.

(4-4) 수부티야, 너의 생각은 어떠하냐?
동쪽 허공의 크기가 얼마나 큰지 측량할 수 있
겠느냐?
측량할 수 없습니다. 부처님이시여.

(4-5) 수부티야,
남쪽, 서쪽, 북쪽과 위쪽, 아래쪽 허공의 크기도
얼마나 큰지 측량할 수 있겠느냐?
측량할 수 없습니다. 부처님이시여.

(4-6) 수부티야,
보살이 형상에 집착하는 마음을 일으키지 않고
보시를 행할 때의 복덕도 이와 같이 측량할 수
없이 큰 것이다.

(4-7) 수부티야,
보살이 되려고 마음을 낸 자는 집착하는 마음을
일으키지 않고 보시를 행해야 하는 것이다.

제 5분 깨달음(如理實見分)

(5-1) 수부티야, 너의 생각은 어떠하냐?
부처는 신체적 특징을 갖추고 있다고 생각하느냐?
부처님이시여,
그렇게 생각 할 수는 없습니다. 신체적으로 거룩한
모습을 갖추었다고 여래라고 볼 수는 없습니다.
(5-2) 왜냐하면 부처님이시여,
신체적으로 거룩한 모습을 갖추었다고 여래께
서 말씀하셨지만 그것은 실재로 거룩한 모습을
갖춘 것이 아니기 때문입니다.
(5-3) 수부티야.
신체적 특징을 갖추고 있거나 신체적 특징을 갖
추고 있지 않거나 여래를 볼 수 있어야 한다.

(사구게1) 존재하고 있는 것의 모든 형상은
　　　　 끊임없이 변하는 허망한 것이니
　　　　 모든 형상이 항상 같은 모습을 갖고 있
　　　　 지 않음을 알면 곧 부처를 보는 것이다.

제 6분 깨달음의 시간성(正信希有分)

(6-1) 부처님이시여, 후세 사람들이 이와 같은 말씀을 듣고 혹은 글귀를 보고 능히 진실한 믿음을 내는 이가 있겠습니까?

(6-2) 수부티야, 물론 있기 마련이다. 부처가 멸한 2,500년 뒤에도 계율을 지키고 올바른 삶을 영위하는 사람이 있어 이 글귀를 보고 능히 믿는 마음을 낼 것이며, 진실하게 여길 것이다.

(6-3) 보살과 보살이 되려고 마음을 낸 자는 한두 분의 부처님 밑에서 착한 마음뿌리를 심은 것이 아니라 헤아릴 수 없이 많은 부처님 밑에서 착한 마음뿌리를 심었기 때문에 이 경전을 보고 한결같이 깨끗한 믿음을 낼 것이다.

(6-4) 수부티야,
여래는 이러한 사람들이 한량없는 복덕을 얻는다는 것을 모두 알고 있다.
왜냐하면 이러한 사람들에게는 〈내가 있다는 생각〉, 〈상대가 있다는 생각〉, 〈다른 생명들이

있다는 생각〉, 〈영원한 것이 있다는 생각〉이 일
어나지 않는다. 또한 〈법이다라는 생각〉도 일어
나지 않으며, 〈법 아니다 라는 생각〉도 일어나
지 않기 때문이다.

(6-5) 수부티야, 그들에게는 생각하는 것도, 생
각하지 않는 것도 일어나지 않는다.

(6-6) 만약 법이라는 생각을 일으킨다는 것은 곧
〈내가 있다〉, 〈상대가 있다〉, 〈다른 생명들이
있다〉, 〈영원한 것이 있다〉는 것에 집착한다는
것이다.

그렇기 때문에 법에도 집착하지 않아야 하며,
법 아닌 것에도 집착하지 않아야 한다.

(6-7)(사구게2) 뜻이 이러하기 때문에 너희 수행자
　　　　　들은 여래의 설법이 뗏목과 같음을
　　　　　알아야 한다.
　　　　　법도 마땅히 버려야 하는데
　　　　　하물며 법 아닌 것은 말해 무엇 하
　　　　　겠느냐!

제 7분 깨달음의 존재성(無得無說分)

(7-1) 수부티야, 너는 어떻게 생각하느냐?
여래가 가장 높은 바른 깨달음을 얻었다고 생각하느냐?
여래가 설한 법이 있다고 생각하느냐?
(7-2) 제가 부처님께서 말씀하신 법문의 뜻을 이해하기로는 원래 얻은 것이 없기 때문에 여래는 가장 높은 바른 깨달음이라고 하는 법을 얻지 않았습니다.
또 여래가 설하여 가르쳐 주신 법도 없습니다.
(7-3) 왜냐하면 여래께서 깨달으시고 설하신 법은 인식할 수도 없으며, 말로 설명할 수도 없기 때문입니다. 그것은 법도 아니고 법 아닌 것도 아닙니다.
(7-4) 왜냐하면 성인들은 조작함이 없는 그대로의 법에 의해서 드러내지기 때문입니다.

제 8분 물질적 베풂을 넘어서(依法出生分)

(8-1) 수부티야,
너의 생각은 어떠하냐?
보살이 되려고 마음을 낸 자가 우주에 가득한
보물을 여래나 존경받을 만한 사람에게 보시한
다면 이 사람이 얻는 복덕이 얼마나 많겠느냐?
(8-2) 매우 많겠습니다. 부처님이시여.
왜냐하면 복덕이라고 말하지만 그것은 복덕성
이 아니라고 여래께서 말씀하셨습니다. 그래서
여래께서는 복덕이 많다고 하는 것입니다.
(8-3) 수부티야.
이 법문중에 사행시 하나라도 다른 사람을 위하
여 설명해주면 이 복덕이 앞에서 말한 물질적인
복덕보다 더 큰 것이다.
왜냐하면, 수부티야.
일체의 모든 부처와 부처의 가장 높은 바른 깨
달음이 이 법문으로부터 나오기 때문이다.
(8-4) 그렇다 하더라도 수부티야,

〈불법을 깨친자〉라 말하지만 불법이 아니라고 여래께서 말씀하셨다.

제 9분 형상을 꿰뚫고(一相無相分)

(9-1) 수부티야, 너의 생각은 어떠하냐?
수다원이 능히 내가 수다원과를 증득했다는 생각을 일으키겠느냐?

(9-2) 아닙니다. 부처님이시여.
왜냐하면 수다원은 '영원한 평안에의 흐름에 들어간다'는 이름이지만 실제로 들어가는 것이 아닙니다.
영원한 평안에의 흐름에 들어가는 그런 형상을 얻은 것도 아니며, 그런 소리를 얻은 것도 아니며, 그런 냄새를 얻은 것도 아니며, 그런 맛을 얻은 것도 아니며, 그런 감촉을 얻은 것도 아니며, 그런 생각의 대상을 얻은 것도 아닙니다. 단지 이름이 수다원일 뿐입니다.
부처님이시여,

만약 수다원이 '영원한 평안에의 흐름에 들어간다'고 생각한다면 그것은 '내가 있다고 집착하는 것이며, 상대가 있다고 집착하는 것이며, 대상이 있다고 집착하는 것이며, 영원한 것이 있다고 집착하는 것'이 되겠습니다.

(9-3) 수부티야, 너의 생각은 어떠하냐?
사다함이 능히 내가 사다함과를 증득했다는 생각을 일으키겠느냐?

(9-4) 아닙니다. 부처님이시여.
왜냐하면 사다함은 '한번만 다시 태어나서 깨닫는다'는 이름이지만 실은 가고 옴이 없습니다. 단지 이름이 사다함일 뿐입니다.

(9-5) 수부티야, 너의 생각은 어떠하냐?
아나함이 능히 내가 아나함과를 증득했다는 생각을 일으키겠느냐?

(9-6) 아닙니다. 부처님이시여.
왜냐하면 아나함은 '다시는 태어나 오지 않음'을 이름 하지만 실은 오지 않음이 없습니다. 단지 이름이 아나함일 뿐입니다.

(9-7) 수부티야, 너의 생각은 어떠하냐?
아라한이 능히 내가 아라한도를 증득했다는 생각을 일으키겠느냐?

(9-8) 아닙니다. 부처님이시여.
아라한은 내가 아라한도를 증득했다는 생각을 일으키지 않습니다. 왜냐하면 아라한은 '존경받을 만한 사람'이라는 뜻이지만 존경받을 만한 아무 것도 없기 때문입니다. 그래서 아라한이라고 불려지는 것입니다.

(9-9) 부처님이시여, 만약 아라한이 내가 아라한도를 증득했다는 생각을 일으킨다면, 그것은 곧 〈내가 있다〉, 〈상대가 있다〉, 〈다른 생명들이 있다〉, 〈영원한 것이 있다〉는 것에 집착하는 것입니다.

(9-10) 부처님이시여,
부처님께서는 저를 미혹이 없는 삼매를 얻은 자 가운데 으뜸이라고 말씀하십니다. 이는 존경 받을 만하며, 아예 욕망이 없는 아라한이라는 뜻입니다.

(9-11) 부처님이시여,

저는 존경을 받을 만하며, 욕망을 떠난 아라한 이라는 생각을 일으키지 않습니다.

부처님이시여,

제가 만일 이러한 생각을 일으킨다면, 부처님께 서는 수부티는 미혹에서 벗어난 행을 즐기며 다 툼을 떠난 자라고 말씀하시지 않았을 것입니다.

(9-12) 무아이기 때문에 수부티라는 실체가 없으 므로 실은 행한 바가 없으며, 이름이 수부티일 뿐입니다. 이 도리를 아는 것이 미혹에서 벗어 난 행위를 즐기는 것입니다.

제 10분 청정한 마음(莊嚴淨土分)

(10-1) 수부티야, 너의 생각은 어떠하냐?

먼 옛날 내가 연등부처님 처소에 있었을 때, 연 등불로부터 얻은 법이 있었겠느냐?

없었습니다. 부처님이시여. 부처님께서 연등부 처님 처소에 있었을 때도 법에 대하여 얻은 바가 없었습니다.

(10-2) 수부티야, 너의 생각은 어떠하냐?

보살이 부처로부터 법을 얻어 깨달음을 성취하
여도 부처의 세계를 장엄할 수는 없는 것이다.
왜냐하면 부처의 세계를 장엄한다고 말하지만
장엄이 아니라고 여래께서 말씀하셨다. 그냥 장
엄이라고 말하는 것이다.

(10-3) 그런 까닭에, 수부티야.

(사구게3) 보살은 마땅히 이와 같은 청정한 마음을
일으켜야 하는 것이다. 형상에 머무름
없이 마음을 일으키는 것이며, 소리와
냄새와 맛과 감촉과 생각의 대상에 머무
름 없이 마음을 일으키는 것이다. 응당
히 이와 같이 머무르는 바 없이 마음을
일으켜야 하는 것이다.

(10-4) 수부티야,

비유하자면 어떤 사람이 수미산만 하다면 크겠
느냐?

매우 큽니다. 부처님이시여.

왜냐하면 큰 몸이라고 하지만 몸이 아니라고 여래께서 말씀하셨습니다. 그냥 큰 몸이라고 말하는 것입니다.

제 11분 자신으로부터 남에게까지(無爲福勝分)

(11-1) 수부티야,
갠지스강의 모래 수만큼 갠지스강이 있다면 이 모든 강의 모래의 수는 얼마나 많겠느냐?
(11-2) 매우 많습니다. 부처님이시여.
갠지스강의 모래 수만 하더라도 무수히 많은데 그 모든 강의 모래 수는 얼마나 많겠습니까!
(11-3) 수부티야, 내가 지금 진실한 말을 할 것이니 잘 들어라.
만약 어떤 사람이 갠지스강의 모래 수만큼 많고 끝없이 넓은 우주를 가득 채울 보물을 여래나 존경받을 만한 사람에게 보시한다면 그 사람이 얻는 복덕은 얼마나 크겠느냐?
(11-4) 매우 크겠습니다. 부처님이시여.

(11-5) 수부티야,

만약 보살이 되려고 마음을 낸 자가 이 법문을 받아 지녀 알거나 사행시 등을 다른 사람을 위하여 설명해준다면 이 복덕이 앞의 복덕보다 더 큰 것이다.

제 12분 부처님이 계시는 곳(尊重正較分)

(12-1) 그리고 또 수부티야,

이 법문중에 사행시 하나라도 설해지는 곳은 일체 세간의 하늘 사람 아수라등 모두가 공양하기를 부처님의 탑묘에 하듯이 해야 하느니라.

(12-2) 하물며 어떤 사람이 이 법문의 전부를 받아 지니고 읽고 외운다면 말해 무엇 하겠느냐!

(12-3) 수부티야,

이 사람은 가장 높고 매우 희유한 법을 성취한 것임을 마땅히 알 것이다.

(12-4) 그러므로 이 법문이 있는 곳이면 곧 부처님이나 존경받는 제자가 있는 것과 같은 것이다.

제 13분 지혜의 끝(如法受持分)

(13-1) 부처님이시여,
이 법문의 이름은 무엇이며, 저희들은 어떻게
받들어 지니면 좋겠습니까?
(13-2) 수부티야,
이 법문의 이름은 〈금강반야바라밀〉이니, 너희
들은 마땅히 이 이름으로 받들어 지니도록 하여라.
수부티야,
〈반야바라밀〉이라고 말하지만 〈반야바라밀〉이
아니라고 여래께서 말씀하셨다. 그냥 〈반야바
라밀〉이라고 말하는 것이다.
(13-3) 수부티야, 너는 어떻게 생각하느냐?
여래가 설한 법이 있겠느냐?
부처님이시여, 여래께서 설하신 법은 없습니다.
(13-4) 수부티야, 너의 생각은 어떠하나?
끝없는 우주에 있는 먼지가 많겠느냐? 적겠느냐?
매우 많습니다. 부처님이시여.
수부티야,

먼지라고 말하지만 먼지가 아니라고 여래께서 말씀하셨다. 그냥 먼지라고 말하는 것이다.

또한 세계라고 말하지만 세계가 아니라 그 이름이 세계인 것이다.

(13-5) 수부티야, 너는 어떻게 생각하느냐?

서른두 가지 거룩한 모습을 가지고 있다고 부처라고 볼 수 있겠느냐?

볼 수 없습니다. 부처님이시여.

서른두 가지 거룩한 모습을 가지고 있다고 부처라고 할 수는 없습니다.

왜냐하면 서른두 가지 거룩한 모습을 말하지만 거룩한 모습이 아니라고 여래께서 말씀하셨습니다. 그냥 거룩한 모습이라고 말하는 것입니다.

(13-6) 수부티야,

만약 어떤 사람이 갠지스강의 모래 수만큼 많은 여러 생 동안 보시를 한 것보다 이 법문 가운데 사행시 하나라도 다른 사람을 위해 말해주거나 설명해준다면 이 복덕이 더 큰 것이다.

제 14분 연기의 사슬을 끊고(離相寂滅分)

(14-1) 그 때 수부티가 이 경을 듣고 깊이 이해하여 깨닫고는 감격의 눈물을 흘리며 부처님께 말씀드렸다.

훌륭하십니다. 행복하신 부처님이시여,

제가 오래 전에 얻은 지혜의 눈으로도 부처님께서 이 같이 뜻이 깊은 경전을 말씀하시는 것을 아직까지 들어보지 못했습니다.

(14-2) 부처님이시여!

만약 어떤 사람이 있어 이 경전을 얻어 듣고 믿는 마음이 청정하면, 바로 실상이 생긴 것이오니, 이 사람은 제일 고귀한 공덕을 성취한 것이 되겠습니다.

(14-3) 부처님이시여,

이 실상이라는 것은 실상이 아니기 때문입니다.

여래께서 그냥 실상이라고 말씀하셨습니다.

(14-4) 부처님이시여,

제가 지금 이 경전을 얻어 듣고 믿고 이해하고

받아 지니기는 과히 어렵지 않습니다.

만일 2,500년 뒤에 바른 법이 허물어졌을 때, 어떤 사람이 이 경전을 얻어 듣고 믿고 이해하고 받아 지닌다면 제일 고귀한 사람이 되겠습니다.

(14-5) 왜냐하면 이 사람은 〈내가 있다는 생각〉이 없고, 〈상대가 있다는 생각〉도 없고, 〈다른 생명들이 있다는 생각〉도 없고, 〈영원한 것이 있다는 생각〉도 없기 때문입니다. 또한 그는 생각도 일어나지 않으며 생각 아님도 일어나지 않는 것입니다.

왜냐하면 〈내가 있다〉는 것은 〈내가 있다〉는 것이 아니기 때문이며, 〈상대가 있다〉는 것은 〈상대가 있다〉는 것이 아니기 때문이며, 〈다른 생명들이 있다〉는 것은 〈다른 생명들이 있다〉는 것이 아니기 때문이며, 〈영원한 것이 있다〉는 것은 〈영원한 것이 있다〉는 것이 아니기 때문입니다.

(14-6) 왜냐하면 부처는 이와같이 일체의 모든 생각에서 벗어나 있기 때문입니다.

(14-7) 그렇고, 그렇다. 수부티야,
만약 어떤 사람이 있어 이 경을 듣고 놀라지도
않고 겁내지도 않으며 두려워하지도 않는다면,
이 사람은 매우 훌륭한 성품을 갖춘 것이다.
(14-8) 왜냐하면 수부티야,
이와같은 성취를 〈최고의 완성〉이라 말했지만
〈최고의 완성〉이 아니라고 여래께서 말씀하셨
다. 그냥 〈최고의 완성〉이라고 말하는 것이다.
수부티야,
여래가 〈최고의 완성〉이라고 말한 것을 모든 부
처님도 그렇게 말하고 있다. 그렇기 때문에 〈최
고의 완성〉이라고 말하는 것이다.
(14-9) 수부티야, 이와 마찬가지로
〈인욕의 완성〉이라고 말하지만 〈인욕의 완성〉
이 아니라고 여래께서 말씀하셨다.
왜냐하면 수부티야,
옛날에 가리왕이 내 몸을 베고 자르고 할 때, 나
에게는 〈내가 있다는 생각〉도 없었고, 〈상대가
있다는 생각〉도 없었고, 〈다른 생명들이 있다는

생각〉도 없었고, 〈영원한 것이 있다는 생각〉도 없었기 때문이다.

(14-10) 왜냐하면

마디마디 사지를 찢길 때마다 만약 〈내가 있다는 생각〉, 〈상대가 있다는 생각〉, 〈다른 생명들이 있다는 생각〉, 〈영원한 것이 있다는 생각〉이 있었다면 마땅히 성내고 원망하는 마음을 내었을 것이다.

(14-11) 수부티야,

또 생각하니 과거 오 백생 동안 인욕선인의 몸을 받았을 때도 〈내가 있다는 생각〉, 〈상대가 있다는 생각〉, 〈다른 생명들이 있다는 생각〉, 〈영원한 것이 있다는 생각〉이 없었던 것이다.

(14-12) 그러므로 수부티야,

보살은 마땅히 모든 생각을 여의고, 〈가장 높은 바른 깨달음으로 향하는 마음〉을 일으켜야 한다. 마땅히 형상에 머물러 마음을 일으키지 말며, 소리와 냄새와 맛과 감촉과 생각의 대상에 머물러 마음을 일으키지 말아야 한다.

(14-13) 마땅히 집착함이 없이 마음을 일으켜야
하는 것이다.
왜냐하면 집착이라고 말하지만 집착이 아니기
때문이다.
(14-14) 그래서 부처님께서는 〈보살은 마땅히 마
음을 형상에 집착하지 말고 베풂을 행하라〉하
신 것이다.
(14-15) 수부티야,
보살은 모든 생명을 이익되게 하기 위하여 마땅
히 이와같이 베풂을 행해야 하는 것이다. 여래
가 설한 모든 존재의 관념은 관념이 아니기 때
문이며, 존재하는 것이라고 말하는 것도 존재하
는 것이 아니기 때문이다.
(14-16) 수부티야,
부처는 진실을 말하는 자이며, 사실을 말하는
자이며, 있는 그대로를 말하는 자이며, 거짓말
을 하지 않는 자이며, 다르게 말을 하지 않는 자
이기 때문이다.
(14-17) 수부티야,

부처가 성취한 이 깨달음은 형상이 있는 것도
아니며 공허한 것도 아니다.

(14-18) 만약 보살이 집착하는 마음을 일으켜 베
풂을 행하는 것은 어둠 속에서 사물을 보는 것
과 같은 것이며, 보살이 집착하는 마음을 일으
키지 않고 베풂을 행하는 것은 밝은 햇빛 아래
서 사물을 보는 것과 같은 것이다.

(14-19) 수부티야,

미래 세계에 보살이 되려고 마음을 낸 자가 있어
이 법문을 받아 지니고 읽고 외워 깨닫는다면 이
사람은 진리와 하나가 되는 삶을 살 것이기 때문
에 한량없는 공덕을 성취하게 될 것이다.

제 15분 복덕과 공덕(持經功德分)

(15-1) 수부티야,

어떤 사람이 자신의 몸으로 아침에 갠지스강의
모래수 만큼 베풂을 행하고, 낮에도 또한 갠지
스강의 모래수 만큼 베풂을 행하고, 저녁에도

갠지스강의 모래수 만큼 베풂을 행하기를 한량
없는 세월 동안 행한 복덕도 매우 크지만 이 법
문을 듣고 믿는 마음을 내기만해도 이 복덕이
더 큰 것이다.

(15-2) 하물며 이 법문을 읽고 쓰고 깨달아 알며,
다른 사람들에게 설명해준다면 그 복덕은 말해
무엇하겠느냐!

(15-3) 수부티야,
이 법문은 가히 생각할 수도 헤아릴 수도 없는
공덕이 있는 것이다.

그러므로 부처님께서는 모든 생명을 이익 되게
하겠다는 큰 마음을 낸 사람을 위하여 이 법문
을 설하며, 가장 높은 바른 깨달음을 성취하겠
다는 큰 마음을 낸 사람을 위하여 이 법문을 설
하는 것이다.

(15-4) 만약 어떤 사람이 이 법문을 받아 지녀 읽
고 외우고 깨달아 알며, 다른 사람에게 말해준
다면 이 사람은 진리와 하나가 되는 삶을 살기
때문에 생각할 수도 없는 많은 공덕을 쌓아 마

침내 〈가장 높은 바른 깨달음〉을 성취하게 될
것이다.

(15-5) 수부티야,

믿음이 약한 사람이 〈내가 있다는 생각〉, 〈상
대가 있다는 생각〉, 〈다른 생명들이 있다는 생
각〉, 〈영원한 것이 있다는 생각〉에 집착하여 이
경을 읽고 외운다 하더라도 진실한 뜻을 알지
못하며, 다른 사람에게 말해주어도 소용이 없는
것이다.

(15-6) 수부티야,

이 법문이 있는 곳이면 어떤 곳이든지 그 곳의
하늘과 사람들과 귀신들이 우러러 받들어 공양
을 올릴 것이다.

(15-7) 마땅히 알아라.

이 법문이 있는 곳은 바로 부처님의 탑이 있는
것과 같으니 우러러 받들어 공경할 것이며, 꽃
을 뿌리고 향을 흩어 거룩하게 해야 한다.

제 16분 산의 정상에서(能淨業障分)

(16-1) 수부티야,
보살이 되려고 마음을 낸 자가 이 경전을 받아
지녀 읽고 외우는 데도 다른 사람에게 업신여김
을 받게 된다면, 이 사람은 전생에 지은 죄업으
로 마땅히 악도에 떨어질 것이지만 금생에 다른
사람들에게 업신여김을 받음으로써 전생의 죄
업이 소멸되어 악도에 떨어지지 않으며, 결국에
는 〈가장 높은 바른 깨달음〉을 성취하게 될 것
이다.

(16-2) 수부티야,
헤아릴 수 없는 먼 옛날 일을 생각해보면 연등
부처님이 계셨고, 그 전에도 수없이 많은 부처
님이 계셨다. 나는 이 모든 부처님을 만나 뵙고
그 뜻을 받들어 섬겨 한 분도 그냥 지나친 적이
없었다.

(16-3) 만약 어떤 사람이 있어 훗날 말세가 되었
을 때 이 경전을 받아 지니고 읽고 외워 깨달아

안다면 그 공덕은 내가 모든 부처님을 받들어
섬긴 공덕보다 수천 배나 더 큰 것이다.

(16-4) 수부티야,

보살이 되려고 마음을 낸 자에게 훗날 말세에
이 경전을 받아 지니고 읽고 외워 깨달아 믿는
공덕을 내가 모두 말한다면, 이 말을 듣는 사람
은 마음이 어지러워 의심하고 믿지 않을 것이다.

(16-5) 수부티야, 마땅히 알아라.

이 경전의 뜻은 능히 생각할 수도 없고 그 과보
도 또한 능히 생각할 수 없는 것이다.

제 17분 다시 세상으로 내려와(究竟無我分)

(17-1) 부처님이시여,

보살이 되려고 마음을 낸 자가 〈가장 높은 바른
깨달음〉을 성취하겠다는 마음을 내었을 때 어
떻게 행동하고 어떻게 수행하며 어떻게 마음을
지켜야 합니까?

(17-2) 수부티야,

보살이 되려고 마음을 낸 자가 〈가장 높은 바른 깨달음〉을 성취하겠다고 마음을 내었으면 먼저 〈생명 있는 모든 것을 깨달음에 들도록 하겠다〉는 서원을 세워야 한다. 〈가장 높은 바른 깨달음〉을 성취하겠다는 마음으로 많은 사람을 깨달음으로 인도하였다 하더라도 깨달음의 세계로 인도된 사람은 한 명도 없는 것이다.

(17-3) 왜냐하면 수부티야,

보살이 〈내가 있다는 생각〉, 〈상대가 있다는 생각〉, 〈다른 생명들이 있다는 생각〉, 〈영원한 것이 있다는 생각〉에 집착하면 이미 보살이 아닌 것이다.

(17-4) 그리고 수부티야,

가장 높은 바른 깨달음을 성취하겠다고 마음을 낸 자는 존재하고 있는 모든 것이 실체가 없다는 것을 알고 있기 때문이다.

(17-5) 수부티야, 너는 어떻게 생각하느냐?

내가 연등부처님 밑에서 수행할 때 존재하는 법이 있어 〈가장 높은 바른 깨달음〉을 얻었겠느냐?

아닙니다. 부처님이시여,

부처님께서는 연등부처님에게 어떤 법이 있어서 〈가장 높은 바른 깨달음〉을 이루신 것이 아닙니다.

(17-6) 그렇다. 수부티야,

실로 존재하는 법이 있어서 부처가 〈가장 높은 바른 깨달음〉을 성취한 것은 아니다. 만일 어떤 법이 있어서 부처가 〈가장 높은 바른 깨달음〉을 이루었다면,

연등부처님께서

'젊은 수행자여, 그대는 다음 세상에 반드시 부처가 되어 이름을 석가모니라 할 것이다.'라고 말씀하시지 않았을 것이다.

사실 〈가장 높은 바른 깨달음〉은 실상이 없으므로 연등부처님께서 나를 보시고 '젊은 수행자여, 그대는 다음 세상에 반드시 부처가 되어 이름을 석가모니라 할 것이다.'라고 말씀하신 것이다.

(17-7) 수부티야,

여래라는 것은 궁극적 실체를 드러낸 존재의 본질이라는 뜻이다.

어떤 사람이 여래가 〈가장 높은 바른 깨달음을 지금 성취했다〉고 하더라도 실재로는 깨달음의 실상이 있는 것이 아니다.

(17-8) 수부티야,

부처가 깨달아 보인 〈가장 높은 바른 깨달음〉에는 진실한 것도 없고 허망한 것도 없는 것이다. 그러므로 '모든 것이 다 불법이다'라고 말한 것이다.

(17-9) 수부티야,

모든 법이라는 것은 법이 아니라고 여래가 말씀하셨다. 그냥 모든 법이라고 말하는 것이다.

(17-10) 수부티야,

비유하면 큰 사람이 있다고 말하는 것과 같은 것이다.

(17-11) 부처님이시여,

큰 사람이라고 말한 것은 큰 사람이 아니라고 여래가 말씀했습니다. 그래서 큰 사람이라고 말하는 것입니다.

(17-12) 수부티야,

보살도 이와 같은 것이다.

만일 〈내가 많은 생명을 깨달음의 세계로 들게 하였다〉는 생각을 일으키면 그는 이미 보살이 아닌 것이다.

(17-13) 왜냐하면 수부티야,

우리가 살아있다고 생각하는 것도 허망하여 실은 살아있는 것이 아닌 것이며, 그렇기 때문에 그냥 살아있는 것으로 말해지는 것이다.

그러므로 존재하고 있는 모든 것에는 〈내가 있다는 생각〉, 〈상대가 있다는 생각〉, 〈다른 생명들이 있다는 생각〉, 〈영원한 것이 있다는 생각〉도 없는 것이다.

(17-14) 수부티야,

만약 보살이 〈내가 부처가 된다〉는 생각을 일으키면 그는 이미 보살이 아닌 것이다.

왜냐하면 부처가 된다고 말하지만 부처가 되는 것이 아니라고 여래께서 말씀하셨다. 그냥 〈부처가 된다〉라고 말하는 것이다.
(17-15) 수부티야,
만약 보살이 〈나라는 것은 없다〉, 〈형상 있는 모든 것은 허망한 것이다〉 라고 철저히 깨달아 안다면 그는 진정한 보살이 되는 것이다.

제 18분 하나의 생명체(一體同觀分)

(18-1) 수부티야, 너는 어떻게 생각하느냐?
부처에게는 육신의 눈이 있느냐?
그렇습니다. 부처님이시여,
부처에게는 육신의 눈이 있습니다.
(18-2) 수부티야, 너는 어떻게 생각하느냐?
부처에게는 하늘나라를 볼 수 있는 하늘의 눈이 있느냐?
그렇습니다. 부처님이시여,
부처에게는 하늘나라를 볼 수 있는 하늘의 눈이 있습니다.
(18-3) 수부티야, 너는 어떻게 생각하느냐?

부처에게는 존재의 관계성을 볼 수 있는 지혜의 눈이 있느냐?

그렇습니다. 부처님이시여,

부처에게는 존재의 관계성을 볼 수 있는 지혜의 눈이 있습니다.

(18-4) 수부티야, 너는 어떻게 생각하느냐?

부처에게는 존재의 본질을 볼 수 있는 법의 눈이 있느냐?

그렇습니다. 부처님이시여,

부처에게는 존재의 본질을 볼 수 있는 법의 눈이 있습니다.

(18-5) 수부티야, 너는 어떻게 생각하느냐?

부처에게는 깨달음의 눈이 있느냐?

그렇습니다. 부처님이시여,

부처에게는 깨달음의 눈이 있습니다.

(18-6) 수부티야,

갠지스강의 모래에 대하여 부처가 말한 적이 있느냐?

그렇습니다. 부처님이시여,

부처님께서는 갠지스강의 모래에 대하여 말씀하셨습니다.
수부티야, 너는 어떻게 생각하느냐?
갠지스강의 모래 수만큼의 갠지스강이 있고 그 많은 모래 수만큼 세계가 있다면 이 세계는 많겠느냐?
매우 많겠습니다. 부처님이시여.
(18-7) 부처는 이렇게 많은 세계에 있는 살아있는 모든 생명의 마음의 작용을 모두 알고 있다. 왜냐하면 마음의 작용이라고 말하지만 마음의 작용이 아니라고 여래가 말씀하셨다. 그냥 마음의 작용이라고 말하는 것이다.
(18-8) 그렇기 때문에 수부티야,
과거에 일어난 생각도 원래 없는 것이며,
현재에 일어나는 생각도 원래 없는 것이며,
미래에 일어날 생각도 원래 없는 것이다.

제 19분 진실한 베풂(法界通化分)

(19-1) 수부티야, 너는 어떻게 생각하느냐?
보살이 되려고 마음을 낸 자가 한없이 넓은 우
주에 가득 채워진 일곱 가지 보물을 부처님께
공양을 올린다면 공덕을 많이 쌓겠느냐?
(19-2) 그렇겠습니다. 부처님이시여,
이 사람은 이 행위로 매우 많은 공덕을 쌓겠습
니다.
(19-3) 수부티야,
〈공덕을 쌓는다〉 하는 것은 공덕을 쌓는 것이
아니라고 여래께서 말씀하셨기 때문이다. 그냥
〈공덕을 쌓는다〉라고 말하는 것이다.
그렇기 때문에 공덕을 쌓는 일이 있다면 부처님
께서는 공덕을 쌓는다라고 말씀하시지 않았을
것이다.

제 20분 텅 빈 곳에서 채워지는 형상(離色離相分)

(20-1) 수부티야, 너는 어떻게 생각하느냐?
원만한 육신을 갖추고 있으면 부처라고 할 수

있겠느냐?

(20-2) 그렇지 않습니다. 부처님이시여,
원만한 육신을 갖추고 있는 몸이라 하더라도 부
처로 볼 수는 없습니다.

왜냐하면 〈원만한 육신〉이라고 말하지만 〈원만
한 육신〉이 아니라고 여래께서 말씀하셨습니다.
그냥 〈원만한 육신〉이라고 말하는 것입니다.

(20-3) 수부티야, 너는 어떻게 생각하느냐?
〈거룩한 모습을 갖추고 있는 자〉라면 부처라고
볼 수 있느냐?

(20-4) 아닙니다. 부처님이시여,
〈거룩한 모습을 갖추고 있는 자〉라 하더라도 부
처라고 볼 수 없습니다.

왜냐하면 〈거룩한 모습을 갖춤〉을 말하지만 〈
거룩한 모습을 갖춤〉이 아니라고 여래께서 말
씀하셨기 때문입니다. 그냥 〈거룩한 모습을 갖
춤〉이라고 말하는 것입니다.

제 21분 마음을 꿰뚫고(非說所說分)

(21-1) 수부티야, 너는 어떻게 생각하느냐?
내가 법을 설했다는 생각이 여래에게 일어나겠느냐?
부처님이시여, 그렇지 않습니다.
〈내가 법을 설했다〉는 생각이 여래에게는 일어나지 않습니다.
(21-2) 수부티야, 바로 그렇다.
〈여래가 법을 설했다〉라고 하는 사람이 있다면 그는 진실이 아닌 것에 집착하여 여래를 비방하는 것이 된다.
(21-3) 수부티야,
〈법을 설한다〉고 말하지만 원래 설해져야 할 법은 없는 것이니 그 이름이 설법인 것이다.
(21-4) 부처님이시여,
2,500년 뒤 바른 법을 믿는 사람이 없을 때 이러한 법을 듣고 믿는 마음을 내는 사람이 있겠습니까?
(21-5) 수부티야, 그런 생각 하지마라. 믿는 마음

을 내는 사람은 당연히 있게 마련이다.
그들은 존재하는 것도 아니며 존재하지 않는 것
도 아니다.
왜냐하면 수부티야,
〈존재하는 것〉이라고 하는 것은 존재하는 것이
아니라고 여래께서 말씀하셨기 때문이다. 그냥
〈존재하는 것〉이라고 말하는 것이다.

제 22분 빈 손 빈 마음(無法可得分)

(22-1) 수부티야,
여래는 〈가장 높은 바른 깨달음〉을 성취했다고
하는데 성취된 무엇이 있겠느냐?
부처님이시여, 〈가장 높은 바른 깨달음의 성취〉
에는 이루어진 것이 아무 것도 없습니다.
(22-2) 그렇다. 그렇다. 수부티야,
깨달음의 성취에는 성취했다고 인식되는 것이
아무 것도 없으며 이름이 〈가장 높은 바른 깨달
음〉인 것이다.

제 23분 행위의 아름다움(淨心行善分)

(23-1) 수부티야,
깨달음은 평등하여 높고 낮음의 차별이 없으니 〈가장 높은 바른 깨달음〉이라고 말하는 것이다.
(23-2) 〈내가 있다는 생각〉, 〈상대가 있다는 생각〉, 〈다른 생명들이 있다는 생각〉, 〈영원한 것이 있다는 생각〉의 분별을 일으키지 않으므로 평등한 것이며, 이러한 분별을 떠난 바른 법의 실천에 의해서 〈깨달음〉은 성취되는 것이다.
(23-3) 수부티야,
선법이라고 말하지만 그것은 선법이 아니라고 여래께서 말씀하셨다. 그래서 선법이라 해서는 안되는 것이다. 선법의 실상을 말로 표현할 수가 없다. 그래서 그냥 선법이라고 말하는 것이다.

제 24분 경전에 매이지 않고(福智無比分)

(24-1) 수부티야,

어떤 사람이 끝없이 넓은 우주에 가득 찬 보물을 여래나 존경받을만한 사람에게 보시하는 것과 보살이 되려고 마음을 낸 자가 이 경에 나오는 한 문장만이라도 읽고 외워 깨달아 다른 사람에게 말해준다고 하면 공덕을 쌓는 방법에 있어서 앞의 방법보다 후자의 방법이 수천 배나 더 큰 공덕을 쌓는 것이다.

제 25분 우리를 찾아(化無所化分)

(25-1) 수부티야,
너는 어떻게 생각하느냐?
〈나는 살아 있는 모든 것을 제도했다〉라는 생각이 여래에게 일어나겠느냐?
수부티야, 그런 생각은 하지 말아라.
왜냐하면 살아있는 것 중에 어떤 것도 여래에 의해 제도된 것은 없기 때문이다.
(25-2) 여래께서 〈제도해야 할 살아 있는 것이 있다〉라고 한다면, 여래께서는 〈나〉에 대한 집착,

〈상대〉에 대한 집착, 〈다른 생명〉에 대한 집착, 〈영원〉에 대한 집착이 있는 것이다.

(25-3) 수부티야,

여래께서 설하신 '나'라는 것은 곧 내가 없음인데, 어리석은 사람은 내가 있다고 집착하는 것이다.

수부티야,

어리석은 사람이라고 말하지만 어리석은 사람이 아니라고 여래께서 말씀하셨다. 그래서 어리석은 사람이라고 말하는 것이다.

제 26분 이 세상이 바로 극락(法身非相分)

(26-1) 수부티야, 너는 어떻게 생각하느냐?

서른두 가지 뛰어난 모습을 갖추고 있으면 부처라고 할 수 있겠느냐?

아닙니다. 부처님이시여.

서른두 가지 뛰어난 모습을 갖추고 있다 하더라도 부처라고 할 수 없습니다.

(26-2) 그렇다. 수부티야,

서른두 가지의 뛰어난 모습을 갖춘 자를 부처라
한다면 위대한 왕도 부처라고 해야 될 것이다.
그러므로 서른두 가지의 뛰어난 모습을 갖추었
다고 부처로 볼 수는 없는 것이다.

(26-3) 부처님이시여, 저도 그렇게 생각합니다.
부처는 육체적 특징을 갖춘 자로 보아서는 안
되는 것입니다.

(26-4) 그렇다. 수부티야, 이 사행시를 들어 보아라.

(사구게4) 만일 형상으로써 나를 보거나
소리로써 나를 보려고 한다면
이 사람은 잘못된 생각을 하고 있으니
아무리 애를 써도 여래를 볼 수가 없다.

(사구게5) 깨달은 사람들은 법의 눈으로 세상을 보며
모든 스승은 법을 몸으로 한다
그렇지만 법의 본질은 깊이 숨어 있어서
아무리 보려 해도 볼 수가 없구나.

제 27분 있는 그대로의 모습(無斷無滅分)

(27-1) 수부티야, 너는 어떻게 생각하느냐?
서른두 가지 뛰어난 모습을 갖추고 있으면 〈가장 높은 바른 깨달음〉을 성취할 수 있겠느냐?
수부티야, 그렇게 생각해서는 안된다.
왜냐하면 서른두 가지 뛰어난 모습을 갖추고 있다고 깨달음을 성취한 것은 아니다.
(27-2) 수부티야, 간혹
〈가장 높은 바른 깨달음을 성취하겠다고 마음을 낸 사람에게는 모든 법이 끊어지고 사라진다.〉고 잘못 생각하는 사람이 있다.
(27-3) 하지만 수부티야, 그렇게 생각해서는 안된다.
〈가장 높은 바른 깨달음을 성취하겠다고 마음을 낸다.〉 하더라도 형상 있는 모든 것이 끊어지고 사라지는 것은 아니다. 깨달음은 형상 있는 그 속에서 이루어지는 인식인 것이다.

제 28분 나도 없는데!(不受不貪分)

(28-1) 수부티야,

만약 보살이 되려고 마음을 낸 자가 갠지스강의 모래 수만큼의 세계를 보물로 가득 채워 여래나 존경받을만한 사람에게 보시하는 것과 보살이 '모든 형상 있는 것에는 나라는 실체가 없으며 생기는 것도 아니다.'라는 진리를 깨달아 체득한 것은 앞의 것보다 비교할 수도 없는 큰 공덕을 쌓는 것이다.

(28-2) 그러나 보살은 자신이 쌓은 공덕을 자기 것으로 해서는 안되는 것이다.

(28-3) 부처님이시여,

왜 보살은 공덕을 자기 것으로 해서는 안 되는 것입니까?

수부티야,

보살은 자신이 한 행위의 댓가에 대해 집착하지 않는다. 그러므로 공덕을 자기 것으로 하지 않는 것이다.

제 29분 오고 감이여!(威儀寂靜分)

(29-1) 수부티야,

만일 어떤 사람이 〈여래께서 오기도 하고, 가기도 하고, 머물기도 하고, 앉기도 하고, 눕기도 한다.〉라고 한다면 이 사람은 내가 말한 뜻을 알지 못한 것이다.

(29-2) 왜냐하면 여래란 어디로부터 오지도 않으며 다른 곳으로 가지도 않기 때문에 여래라고 이름 하는 것이며, 존경받을만한 분이며 바르게 깨달은 분이라고 말해지는 것이다.

제 30분 당신은 누구십니까?(一合理相分)

(30-1) 수부티야,

보살이 되려고 마음을 낸 자가 끝없이 넓은 우주를 부수어 〈원자의 집합〉으로 만든다면 이 가루는 얼마나 많겠느냐?

매우 많습니다. 부처님이시여,

만약 〈원자의 집합〉이 참으로 있는 것이라면 부처님께서는 〈원자의 집합〉이 많다고 하지 않았을 것입니다.

왜냐하면 〈원자의 집합〉이라 말하지만 〈원자의 집합〉이 아니라고 여래께서 말씀하셨기 때문입니다. 그냥 〈원자의 집합〉이라고 말하는 것입니다.

(30-2) 부처님이시여,

여래께서 우주를 말하지만 그것은 우주가 아니라고 여래께서 말씀하셨습니다. 그냥 우주라고 말하는 것입니다.

왜냐하면 세계가 실제로 있다면 〈하나로 된 전체적인 모습〉이 있다는 것에 집착하게 됩니다.

(30-3) 여래께서 〈하나로 된 모습〉을 말씀하셨지만 그것은 〈하나로 된 모습〉이 아니라고 여래께서 말씀하셨기 때문입니다. 그냥 〈하나로 된 모습〉이라고 말하는 것입니다.

(30-4) 수부티야,

〈하나로 된 모습〉이라는 것은 말로 표현할 수 없는 것이며, 형상도 아니고 형상 아닌 것도 아닌 것이다. 다만 사람들의 집착일 뿐인 것이다.

제 31분 부처의 마음(知見不生分)

(31-1) 수부티야,

어떤 사람이 여래께서 〈나에 대한 생각〉, 〈상대에 대한 생각〉, 〈다른 생명들에 대한 생각〉, 〈영원한 것에 대한 생각〉에 관하여 말했다고 한다면 이 사람은 내가 말한 뜻을 안다고 하겠느냐?

아닙니다. 부처님이시여,

이 사람은 여래께서 말씀하신 뜻을 알지 못합니다.

왜냐하면 〈내가 있다는 생각〉을 말했지만 〈내가 있다는 생각〉이 아니라고 여래께서 말씀하셨기 때문입니다. 그냥 〈내가 있다는 생각〉이라고 말하는 것입니다.

(31-2) 수부티야,

〈가장 높은 바른 깨달음을 성취하겠다고 마음을 낸 사람〉은 형상 있는 모든 것의 관계를 보고 알아야 하며, 그러면서도 형상이라는 생각에도 머물지 않고 마음을 내야 하는 것이다.

(31-3) 왜냐하면, 수부티야,

〈형상이 있는 모든 것의 관계〉라는 것은 관계가 아니라고 여래가 말씀하셨기 때문이다. 그냥 〈형상이 있는 모든 것의 관계〉라고 말하는 것이다.

제 32분 우리의 마음(應化非眞分)

(32-1) 수부티야,

만일 보살이 한량없는 많은 세계를 일곱 가지 보물로 가득 채워 여래나 존경받을만한 사람에게 보시한다 하더라도 보살이 되려고 마음을 낸 자가 '지혜의 완성'이라는 법문 중에 사행시라도 읽고 외워 깨달아 다른 사람에게 말해준다면 이 행위가 앞의 행위보다 비교할 수 없을 만큼 더 큰 공덕을 쌓는 것이다.

(32-2) 그러면 무엇을 다른 사람에게 말해주고 설명해 주어야 하겠는가?

(사구게6) 일체의 인연 따라 이루어졌다 없어지는

모든 현상은 꿈이며 환상이며
물거품이며 그림자이며
이슬과 같고 번개와 같나니
마땅히 이와 같이 보아야 한다.

(32-3) 부처님께서 이 경을 설하여 마치니 수부티와 비구, 비구니, 우바새, 우바이와 모든 세계의 하늘사람, 사람, 귀신들이 부처님의 말씀을 듣고 모두 크게 기뻐하며 찬탄하고 받들어 행하였다.

사경회향문

제가 지금 배낀 이 경전은 미래세가 다할 때까지
설령 대천세계를 파괴하는 삼재를 만날지라도
허공과 같아 파괴되지 않을지어다.
만일 이 경전을 만나는 이는
부처님을 뵙고 사리를 공경하듯 경전을 펴고
보리심을 내어 물러나지 아니하고
보현행을 닦아 속히 불도를 이루어지이다.

주 소 :

발 원 :

불기   년   월   일

기도불자   합장

우리말 금강경 사경집

지 은 이   김 성 규
펴 낸 곳   사단법인 통섭불교원

초판 1쇄 인쇄 : 2023년 12월 20일
초판 1쇄 발행 : 2023년 12월 21일

등록번호 : 제344-2022-000012호
등록일자 : 2022년 9월 19일

주   소   대구시 남구 두류공원로 10, 4층(대명동)
              Tel (053) 474-1208, Fax (053)794-0087
              E-mail : tongsub2013@daum.net

값 6,000원